如果史記這麼帥

史記

❹ 良將俠客

戴建業 主編

漫友文化 繪

人物關係圖・良將俠客篇

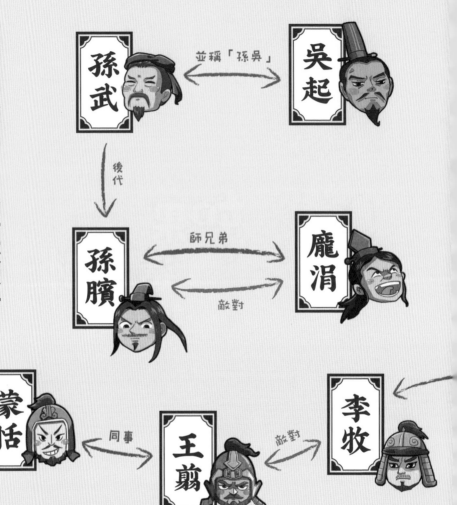

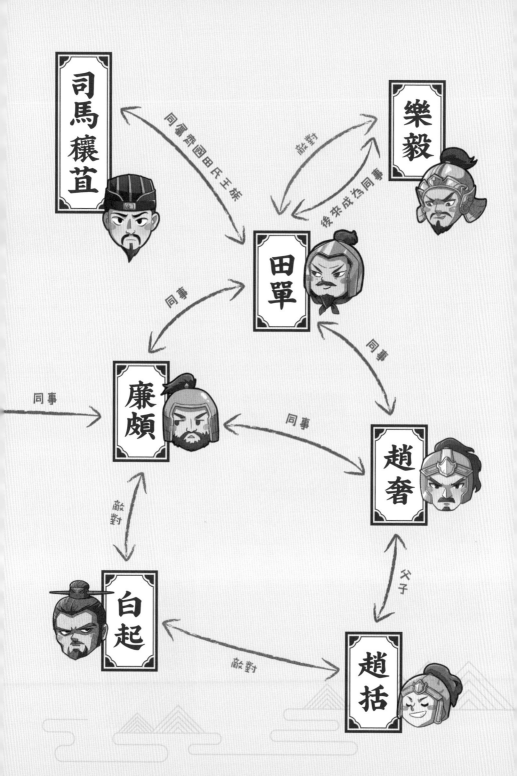

大膽將軍

君命有所不受

1/

一般情況下，將帥是君王意志的執行人。但軍營和戰場形勢變化無常，孫武和司馬穰苴都敢於堅持自己的判斷，甚至不惜得罪重臣，違抗王命。

孫武

將宮女訓練成戰士的兵家至聖

孫武

出生地

齊國樂安
（今山東北部）

生年

不詳

卒年

不詳

身份

吳國將領、
兵聖

技能

用兵如神

吳宮練兵

　　孫武原本是齊國人，因為精通軍事被伍子胥引薦給吳王闔閭。吳王看他寫兵書很有一套，想測試他是不是紙上談兵，便讓他用宮女進行軍事演練。孫武把宮女們分成兩小隊，讓吳王的兩個妃子做隊長。孫武細緻地講解要領，但她們只覺得好玩，等到正式操練時也一直嘻嘻哈哈，絲毫不配合。

　　孫武又認真地講了幾遍，宮女們依舊笑鬧。孫武沉下臉來，決定按軍法處置兩名妃子。吳王趕緊命他住手。孫武卻回答：「將在外，君令有所不受。」直接命人將兩位妃子斬首，嚇得眾宮女魂飛魄散，認真完成接下來的操練。吳王雖然很不爽，但也摸透了孫武的實力。孫武因此被任命為將軍，幫吳國打了很多勝仗。

以後再和你算帳！

你知道嗎？ 孫武和伍子胥可能是同一個人？

　　最早關於孫武的正史記載出自於《史記》，此前的史書都沒有提到這號人物。哪怕是《史記》，除了吳宮練兵，其他關於孫武的記載都很含糊。於是有人懷疑孫武是否真實存在，甚至認為他跟伍子胥其實是同一個人，因為他倆性格相似、軍事能力相當，甚至連個人經歷都有雷同。究竟真相如何，還有待進一步研究。

司馬穰苴

出生地
齊國

生 年
不詳

卒 年
不詳

身 份
齊國將領

技 能

臨危受命

剛強武將

　　齊景公時期，齊國深受各國騷擾，連連打敗仗，齊相晏子就向齊景公推薦了司馬穰苴（ㄖㄤˊㄐㄩ）。齊景公發現他確實有文韜武略，封他為將軍。司馬穰苴擔心自己身份低微，難以服眾，齊景公於是派寵臣莊賈出任監軍。兩人約好正午在軍營相見。

　　莊賈為人驕橫，不把司馬穰苴放在眼裡，直到傍晚才來到軍營。司馬穰苴斥責他耽誤軍機，依法當斬。莊賈大驚失色，連忙叫人去向齊景公求救。但等到使者駕車趕來時，莊賈早被斬首示眾了。司馬穰苴還問軍法官：「在軍營裡駕車飛奔，該當何罪？」軍法官說：「當斬！」司馬穰苴看在使者代表了國君的份上，只是砍斷馬車的木頭，饒了使者。這麼一來，他在軍隊中的威信就建立起來了。

大開眼界 　**鐵漢也有柔情**

　　司馬穰苴是一位愛護士兵的將軍。在行軍途中，他會親自過問士卒的飲食、住宿等，與他們同甘共苦。他還親自探望患病的士卒，並要求用最好的藥物治療。所以他深受士兵擁戴，齊國軍隊戰鬥力也越來越強，終於把各國入侵者打得節節敗退，收復了好幾座城池，司馬穰苴因此被封為大司馬。

等等，我再測測。

老大，我還能上！

用兵如神到底「神」在哪裡

孫武出生於春秋時期的齊國。
他因為兵書寫得好，
被推薦到吳國當將軍。

軍事網紅

孫武實戰能力也不錯，
能把吳國的宮女都訓練成戰士。

孫子武者，齊人也。以兵法見於吳王闔
閭。闔閭曰：「子之十三篇，吾盡觀之矣，
可以小試勒兵乎？」對曰：「可。」闔閭曰：
「可試以婦人乎？」曰：「可。」
——《史記·孫子吳起列傳》

如果史記這麼帥 ❹ 良將俠客

當時周王朝影響力越來越小，
各諸侯國開啟
「大魚吃小魚」的爭霸模式。

吳、楚這兩條「大魚」是鄰居。
它們都清楚，
等到周邊「小魚」被吃得差不多了，
兩國的戰爭將不可避免。

一天，吳王向孫武詢問進攻楚國的事情。
孫武認為吳國連年征戰，
士兵和民眾都很勞累，
不宜再動干戈。

幻想的吳國

實際的吳國

幾年後，
蔡國和唐國跟楚國決裂，轉而和吳國結盟。

闔閭立三年，乃興師與伍胥、伯嚭伐楚，
拔舒，遂禽故吳反二將軍。因欲至郢，將
軍孫武曰：「民勞，未可，且待之。」乃歸。
——《史記·伍子胥列傳》

孫武看時機合適了，
就聯合唐、蔡兩國，出兵伐楚。

他們乘戰船出征。
途中，孫武突然命大家棄船登陸。

九年，吳王闔閭謂子胥、孫武曰：「始子言
郢未可入，今果何如？」二子對曰：「楚將
囊瓦貪，而唐、蔡皆怨之。王必欲大伐之，
必先得唐、蔡乃可。」闔閭聽之，悉興師與
唐、蔡伐楚，與楚夾漢水而陣。
——《史記·伍子胥列傳》

楚軍以為吳軍要打水戰，
忽視了陸上的防備，
被孫武的奇襲打得落花流水。

當時楚國的大將子常正在攻打蔡國。
得知吳軍來勢洶洶，
他趕緊跑回來援助。

走！

子常有位下屬獻計，
讓他先在漢水河岸設防，
自己則帶兵繞到吳軍的側後方，實現兩面包抄。

子常起初同意了。
但他後來害怕戰功被下屬獨佔，
於是擅自更改戰術，渡河過去攻打吳軍。

> 吳兵之來，楚使子常以兵迎之，夾漢水
> 陣。
>
> ——《史記·楚世家》

孫武見楚軍渡過漢水，
就後退疲敵，
以逸待勞，
三戰三勝。

最終，
兩軍在柏舉擺開陣勢，
準備決戰。

楚軍內部軍心不穩，
沒有死戰的決心，
一看到吳軍衝過來，
都嚇得變成軟腳蝦。

子常見形勢不妙，
乾脆腳底抹油逃走，
楚軍大敗。

> 吳伐敗子常，子常亡奔鄭。
> ——《史記·楚世家》

吳軍先鋒部隊緊追其後，
等到楚國士兵停下來做飯時，
突然殺出。

打跑楚軍後，
他們就吃掉剛做好的飯菜，
再繼續追擊。

就這樣，兩國打了五仗，
均以吳軍大勝告終。
他們高歌猛進，逼近楚都。

楚王治國能力不怎樣，
反應速度倒是一等一。
他察覺國都不保，
光速帶著妹妹逃跑了。

楚兵走，吳乘勝逐之，五戰及郢。己卯，昭
王出奔。庚辰，吳人入郢。
　　　　　　　　——《史記·楚世家》

孫武一共只用了十幾天，
就獲得了對楚戰爭的勝利。
將士們直接住進了楚國宮室。

楚國幾近滅亡，
楚國大夫便跑去秦國，
在城牆下哭了七天七夜，
請求秦軍出兵拯救。

> 西破強楚，入郢，北威齊晉，顯名諸侯，孫子與有力焉。
>
> ——《史記·孫子吳起列傳》

在秦國的幫助下，
楚國得以復國。

從此，
楚國人對吳國怕得要死，
一聽到「吳國」二字就膽戰心驚。

聽說吳國有
位美女……

【三令五申】

孫武訓練宮女時，對她們再三地命令和告誡。現多用於上級對下級。

【食不甘味】

吳王請求孫武對愛妃手下留情時說：「沒有她們，我吃東西都沒有味道。」形容心中憂慮或身體不好。

【人微權輕】

司馬穰苴剛當上將軍時，擔心自己資歷淺，威望低，不能使大家信服。

七薦孫武

伍子胥請求攻楚，吳王沒有同意。

孫武的《孫子兵法》不僅流傳至今，還走出國門，受到海外軍事家的歡迎。▼

難道懷疑我夾帶私貨？看來得找個同盟。

七薦孫武

「武」的古文字由「止」和「戈」兩個字組成，意思是能阻止干戈鬥爭才是「武」。▼

打！

大哥，算了算了……

春秋戰國時期有哪些重要戰爭？

魯國 VS 齊國

通過後發制人、疲敵制勝，
以少勝多的經典戰役。

指揮將領：曹劌 vs 鮑叔牙

長勺之戰

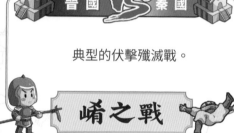

晉國 VS 秦國

典型的伏擊殲滅戰。

崤之戰

晉國 VS 楚國

以弱勝強的經典戰役。

城濮之戰

吳國 VS 楚國

以少勝多的經典戰役。

指揮將領：

柏舉之戰

齊國 VS 魏國

用圍魏救趙取勝。

指揮將領： 孫臏 vs 龐涓

桂陵之戰

齊國 VS 魏國

用減灶誘敵等計謀，
典型的伏擊殲滅戰。

指揮將領： 孫臏 vs 龐涓

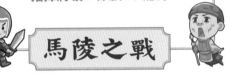

馬陵之戰

齊國 VS 燕國

用激將法、火牛陣出奇制勝，
以弱勝強的經典戰役。

指揮將領： 田單 vs 樂毅

即墨之戰

秦國 VS 趙國

中國歷史上規模最大、
最徹底的殲滅戰。

指揮將領： 白起 vs 廉頗、趙括

長平之戰

戰場上無師兄弟

21

龐涓和孫臏這對師兄弟，同為魏國效力，本該互相扶持，彼此成就，卻因為龐涓的嫉妒心，一個成了殘疾人，一個丟了小命。

龐涓

因嫉妒而陷害朋友的小心眼

妒忌害人

龐涓

出生地
魏國

生年
不詳

卒年
西元前 341 年

身份
魏國將領

技能

謠言千刃

龐涓與孫臏（ㄅㄧㄣˋ）為同窗師兄弟，兩人一起拜師學習兵法。後來龐涓在魏國得到重用，成為將軍。

龐涓知道自己才能不足，派人把孫臏找來，為自己分憂。後來，龐涓又忌恨他的才能，時時害怕他的職位超過自己。於是，龐涓給孫臏編了個莫須有的罪名，對他處以臏刑——一種砍斷雙足或者挖掉膝蓋骨的刑罰。龐涓還在孫臏臉上刺了字，公開他的犯人身份，認為這樣就再也沒有人會任用他了。

孫臏知道龐涓要除掉自己，便裝瘋賣傻，時哭時笑。龐涓獨掌軍事大權，也放鬆了警惕。孫臏立馬抓住機會逃去了齊國。

別跑啊，讓我給你臉上印個「帥」字。

原來如此　鬼谷子的高徒們

有說法稱，龐涓和孫臏的老師是戰國傳奇人物鬼谷子。鬼谷子被後世尊為「謀聖」，他精通兵法，洞察人性，儘管隱居深山老林，卻培養出了數位左右國家存亡、推動歷史發展的人物。據說縱橫家蘇秦和張儀也是他的弟子。

孫臏

坐在輪椅上指揮戰鬥的軍師

孫臏

出生地

齊國阿
（今山東陽谷東北）

生年

不詳

卒年

西元前 316 年

身份

齊國軍師

技能

圍魏救趙

賽馬軍師

　　孫臏是孫武的後代子孫，他原本不叫這個名字，只是因為遭受了臏刑，才被人們這麼稱呼。他受龐涓的邀請來到魏國，卻遭到迫害。孫臏沒有因此一蹶（ㄐㄩㄝˊ）不振，而是靜待機會的到來。終於，他得到齊國使者的賞識，被偷偷帶到齊國，成為大將田忌的門客。

　　田忌喜歡跟其他貴族賽馬。孫臏發現這些馬的腳力可以分為上、中、下三等，於是告訴田忌一個必勝的方法。比賽那天，孫臏讓田忌先用自己的下等馬與對手的上等馬比試，然後分別用自己的上等馬和中等馬對付他們的中等馬和下等馬。就這樣，田忌先輸一局，後贏兩局，總比分獲勝。賽馬事件後，田忌更加看重孫臏，把他推薦給齊威王。就這樣，他成為了齊國的軍師。

 孫臏還會拳擊？

　　孫臏拳是山東的一種拳術，流行於晚清時期，由於習練者多穿長袖衣服，將手藏在其中，所以也被稱為「長袖拳」。但孫臏拳是否為孫臏所創，已無從考證。2011 年，孫臏拳被列為第三批中國國家級非物質文化遺產。

兩次掉進同一個陷阱

戰國初年，
魏國通過變法改革崛起，
躋身中原強國的行列。

而老牌霸主齊國也不甘落後。
他們互相看對方不順眼，
試圖尋機壓制對方。

這時，
和齊國交好的趙國仗著有人撐腰，
跑去侵犯魏國的「小弟」衛國。

面對如此挑釁，
魏國馬上派出大將龐涓攻打趙國，
包圍了國都邯鄲。

你們已經被
包圍了。

捅了馬蜂窩的趙國慌了，
趕緊向齊國求救。

我還能再搶
救一下……

齊王剛收留了軍事奇才孫臏，
打算任命他為主將。
孫臏卻因自己身體不便，
連連推辭。

其後魏伐趙，趙急，請救於齊。齊威王欲
將孫臏，臏辭謝曰：「刑餘之人不可。」
——《史記·孫子吳起列傳》

於是齊王為他準備了一輛篷車，
讓他以軍師之職，和主將田忌一起奔赴戰場。

田忌計畫直奔趙國。
孫臏卻提出「圍魏救趙」，
認為魏國必定將主力派往趙國，
國內只留下老弱病殘，容易攻破。

於是乃以田忌為將，而孫子為師，居輜車
中，坐為計謀。田忌欲引兵之趙，孫子曰：
「……今梁趙相攻，輕兵銳卒必竭於外，
老弱罷於內。君不若引兵疾走大梁，據其
街路，衝其方虛，彼必釋趙而自救。」
——《史記·孫子吳起列傳》

於是齊軍一邊用戰車直搗魏國首都，
一邊派出小部隊去騷擾龐涓。

龐涓聽聞國中有難，
果斷放棄攻打趙國，
丟掉輜（ㄗ）重，輕裝往回趕。

田忌從之，魏果去邯鄲。
——《史記・孫子吳起列傳》

結果魏軍途經桂陵，
遇到孫臏的埋伏，
被打得慘敗。

魏國遭受重創，
卻依舊不甘心。
休養生息了幾年後，
再次露出野心。

我回來了！

與齊戰於桂陵，大破梁軍。
——《史記·孫子吳起列傳》

魏王擺出周天子的儀仗，
邀請其他諸侯國會盟，
並率眾前往朝見周天子，
意圖提高自己的地位。

韓國和齊國不喜歡他，
都沒有赴會。
魏王便命龐涓教訓韓國。

韓國招架不住，
趕緊向齊國求助。
田忌、孫臏又前往支援。

孫臏故技重施，
命人襲擊魏國首都，
龐涓再次撤軍返回。

怎麼又是你！

後十三歲，魏與趙攻韓，韓告急於齊。齊
使田忌將而往，直走大梁。
——《史記·孫子吳起列傳》

為了引魏軍深入埋伏圈，
孫臏想出一個計策，
下令逐漸減少每天做飯的爐灶。

龐涓偵察後十分高興，
認為齊國有很多逃兵。

孫子謂田忌曰：「……使齊軍入魏地為十
萬灶，明日為五萬灶，又明日為三萬灶。」
龐涓行三日，大喜，曰：「我固知齊軍怯，
入吾地三日，士卒亡者過半矣。」乃棄其步
軍，與其輕銳倍日並行逐之。
——《史記·孫子吳起列傳》

於是他只帶著精銳騎兵，
日夜兼程地追擊齊軍。

將軍等等
我們啊。

孫臏看龐涓上當了，便在馬陵設下埋伏，
並選了一棵樹刻上字，
吩咐大家看到樹下亮起火光便射箭。

你不要過
來呀！

孫子度其行，暮當至馬陵。馬陵道狹，而旁
多阻隘，可伏兵，乃斫大樹白而書之曰「龐
涓死於此樹之下」。於是令齊軍善射者萬
弩，夾道而伏，期曰「暮見火舉而俱發」。
　　　　　　　——《史記·孫子吳起列傳》

當晚龐涓趕到馬陵。
道路狹窄，行軍緩慢，
龐涓被路邊異樣的樹吸引了注意力，
命人點起火把。

然而他還沒把上面的字讀完，
齊軍就萬箭齊發，
打得魏軍無法抵抗。

龐涓果夜至斫木下，見白書，乃鑽火燭之。讀
其書未畢，齊軍萬弩俱發，魏軍大亂相失。
——《史記·孫子吳起列傳》

龐涓知道自己又掉進孫臏的陷阱，
回天乏力，只好拔劍自刎。
魏軍也徹底崩潰。

其他諸侯國紛紛落井下石，
出兵圍攻魏國，
結束了它的輝煌。

龐涓自知智窮兵敗，乃自剄，曰：「遂成豎
子之名！」齊因乘勝盡破其軍，虜魏太子申
以歸。孫臏以此名顯天下，世傳其兵法。
——《史記・孫子吳起列傳》

【田忌賽馬】

孫臏讓田忌善用自己的長處去對付對手的短處，在賽馬競技中獲勝。

【圍魏救趙】

孫臏派兵包抄魏國，迫使龐涓撤兵回援，從而拯救了趙國。

【因勢利導】

孫臏認為善於打仗的人要順著事情的發展趨勢，向有利的方向加以引導。

鞋神孫臏

妖細！削了他的膝蓋骨！

拿什麼保護你，我的膝蓋！

* 本故事純屬傳說，切勿模仿。

有關孫臏的民間傳說非常豐富，除了鞋神外，他還被奉為皮革業神、燒炭業神、豆腐業神。▼

根據《周禮》規定，戰國只有貴族能穿皮鞋，平民只能穿葛布、麻和草做成的鞋。▼

魏國歷史知多少

三家分晉後,魏氏政權建立。魏國前期重視人才,勵精圖治,率先登上了霸主地位。可惜後代運營不善,一手好牌打得稀爛,最終被秦國消滅。

西元前 453 年

魏桓子跟趙、韓兩家合謀,擊敗智氏。

西元前 403 年

魏國正式建立,此後任用李悝(ㄎㄨㄟ)為相,變法強國;用吳起為將,對抗秦國和韓國。

西元前 376 年

魏國和韓、趙三家共同滅了晉國,瓜分了它的土地。

西元前 257 年

長平之戰後，被秦國圍困的趙國向魏國求援。信陵君見魏王不敢出兵，自己竊符救趙，逼退秦軍。

西元前 354 年

魏國攻打趙國邯鄲，齊國圍魏救趙，在桂陵打敗魏軍。

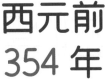

西元前 225 年

秦軍將河水倒灌進大梁，民眾死傷無數。魏王假投降，魏國滅亡。

西元前 364 年

魏惠王遷都大梁，因此也被稱為梁國。

人品與才能分開看

3 /

吳起在外能統帥三軍,鎮守邊境;在內能變法改革,增強國力。但是他在道德修養方面有許多讓人指摘的地方。

吳起

心狠手辣、頻繁跳槽的多面人

吳起

出生地

衛國左氏
（今山東定陶西）

生年

不詳

卒年

西元前 381 年

身份

魏國將領、
楚國令尹

技能

冷血無情

天才與瘋子

吳起曾為了做官到處奔走，花了不少錢，不僅沒得到一官半職，還被鄉里人譏笑。吳起很生氣，就殺了那些人。逃跑時，他對母親發誓：「不當卿相，絕不回鄉。」甚至在母親去世後，吳起都沒有回家鄉祭拜。後來，吳起來到魯國，想向魯君效力。但他的妻子是齊國人，齊魯兩國常年有仇，因此魯君很不信任他。吳起知道後，殺害了妻子來向魯國表忠心。

吳起有這樣喪心病狂的一面，也有才華出眾的一面。他在魏國時，能統帥三軍大敗秦國；在楚國時，能大刀闊斧地發動變法改革，讓楚國國力大幅度增長。他還會寫兵書，著作《吳子兵法》能跟《孫子兵法》相提並論，人們因此將他跟孫武合稱「孫吳」。

大開眼界 **信守承諾才能得到他人的信任**

吳起為了發動百姓去攻佔城外的敵國哨崗，於是在北城門豎了根木頭，承諾如果有人將其搬走就重賞。起初沒人相信，後來有人嘗試，真的拿到獎賞。他又在東門放了袋紅豆，承諾搬到西門就重賞，百姓都爭著去。吳起趁熱打鐵：「明天去攻打哨崗，能衝鋒陷陣的就賞。」百姓爭著參戰，一個早上就把哨崗攻佔了。

只成功了一半的吳起變法

魏國名將吳起遭到國君猜疑後，
轉投了楚國。

楚王聽說他是個人才，任命他為太守，
一年後又升他為令尹，
相當於別國的國相。

於是吳起見公主之賤魏相，果辭魏武侯。
武侯疑之而弗信也。吳起懼得罪，遂去，
即之楚。楚悼王素聞起賢，至則相楚。
——《史記·孫子吳起列傳》

當時的楚國已經不復當年勇，
屢屢被韓、趙、魏三國
聯合起來欺負。

因此，楚王交給吳起一個任務：
讓楚國再次強大。

我不想再被
欺負了。

吳起不辱使命，
掀起了一場聲勢浩大的變法運動。

他察覺到造成楚國現狀的一大原因，
是舊貴族勢力過於強大，
阻礙了國家的發展。

因此，變法第一步就是「簡政強兵」，
停止對部分舊貴族的資金供給，
把錢用來增強軍隊實力。

同時大力選拔底層賢才，
希望借助他們突破舊勢力的包圍。

明法審令，捐不急之官，廢公族疏遠者，
以撫養戰鬥之士。要在強兵，破馳說之言
從橫者。
——《史記·孫子吳起列傳》

變法的第二步，
是「開拓土地」，
吳起建議派人去開荒。

楚王同意後，
舊貴族被趕到邊遠地區。

這不僅削弱了舊貴族勢力，
還能利用他們的資金開發土地。

變法的第三步，
叫「明法審令」，
就是公開楚國的法令，
讓所有人都能知法懂法。

在此之前，
官吏執法、判案，
常常按自己的想法行事。

法令公開後，
官吏只能依法辦事，
楚國於是走向了法治。

楚國的實力因此上升了幾個檔次。

最終打退外敵的進攻，

一雪前恥。

可能是復仇成功的消息過於令人激動，

楚王在那一年猝然去世。

於是南平百越；北並陳蔡，卻三晉；西伐
秦。諸侯患楚之強。
——《史記·孫子吳起列傳》

吳起的「保護傘」沒了，
舊貴族便聯合起來謀害他。

在楚王的葬禮上，
他們提前埋伏了弓箭手，
一路追殺吳起，把他逼到靈堂裡。

> 故楚之貴戚盡欲害吳起。及悼王死，宗室
> 大臣作亂而攻吳起。
> ——《史記·孫子吳起列傳》

吳起靈機一動，故意撲倒在楚王的遺體上。
那些射殺他的弓箭，也射到了遺體上。

結果太子即位後，
立刻以「對先王遺體不敬」的罪名，
處死了弓箭手及背後的舊貴族。

吳起走之王屍而伏之。擊起之徒因射刺
吳起，並中悼王。悼王既葬，太子立，乃使
令尹盡誅射吳起而並中王屍者。坐射起而
夷宗死者七十餘家。
——《史記·孫子吳起列傳》

就這樣，
吳起即使身死，
也重重地打擊了舊貴族勢力。

雖然吳起變法最終沒有成功，
但他的理念卻得到傳承。
後來秦國的商鞅變法，
就受到了他的影響。

【上陣父子兵】

吳起認為，好的軍隊裡士兵能同甘共苦、團結一致，因此勢不可擋，也可稱為父子兵。

【興師動眾】

吳起和人談論戰無不勝的方法，提到將軍要能發動大量士兵，讓他們征戰四方。

【添兵減灶】

增添士兵的同時卻減少做飯用的爐灶。意思是偽造士兵逃亡的假象，迷惑敵人。

先秦變法那些事

　　先秦時期，各國間鬥爭激烈，為了不被時代的洪流傾覆，各國都開始變法改革，確立新的政治經濟秩序，加速了社會前進的步伐。

管仲變法 🔊 多做生意多賺錢！

地點：齊國

措施：① 發展商業貿易
　　　② 國家掌控鹽鐵銷售
　　　③ 軍政合一

齊桓公

管仲幫寡人賺了一筆大錢，能跟周王嗆聲……咳咳，是一起玩耍。

子產變法 🔊 要依法辦事，別亂判案哦！

地點：鄭國

措施：① 承認土地私有
　　　② 擴大徵兵人員範圍
　　　③ 公開法律條文
　　　④ 允許百姓在「鄉校」討論國事

百姓

按讚！社會風氣變好了，錢包掉了也不怕被人拿走。

孔子

子產真是個仁義之人！

李悝（ㄎㄨㄟ）變法

🔊 大家快去種田！

地點：魏國

措施：①重視農業生產
　　　②調控糧食價格
　　　③按功績分配俸祿

當年其他諸侯都來學習變法經驗，可神氣了！

魏王

魏

商鞅變法

🔊 讓秦國再次強大！

地點：秦國

措施：①允許土地自由買賣
　　　②推行縣制
　　　③統一度量衡
　　　④獎勵耕織

朕統一六國，多虧了商鞅啊。下次去祭拜得給他加雞腿。

秦王

吳起變法

🔊 別以為你是貴族就有特權！

地點：楚國

措施：①簡政強兵
　　　②開拓土地
　　　③明法審令

真不錯！現在秦王見了我都不敢大聲說話。

楚王

申不害變法

🔊 聽國君的話，別讓他受傷！

地點：韓國

措施：①加強君主集權
　　　②推行法治

百姓

可惜後來的韓王都很弱啊！

被圍毆是什麼體驗

4/

戰國中後期，有五個國家聯合進
攻齊國，一度將它打到只剩下兩
座城池。這場戰爭中出現了兩位
猛將，一位是連戰連勝的樂毅，
一位是奇計頻出的田單。

樂毅

出生地

中山靈壽
（今河北石家莊）

生年

不詳

卒年

不詳

身份

燕國將領

技能

連克數城

功虧一簣

樂毅是魏國大將樂羊的後裔，他被燕昭王的求賢之心感動，留在了燕國。當時的齊國非常強大，接連打敗多個國家。齊王因此越來越驕橫，結果四面樹敵。燕昭王為了報仇，以樂毅為大將，聯合其他四國一起討伐齊國。燕昭王和樂毅君臣同心，五國軍隊所向披靡，很快就佔領了齊國大部分國土。

但燕昭王去世後，繼位的燕惠王聽信謠言，認為樂毅之所以遲遲攻不破剩餘的城池，是因為想感化齊國民眾，自立為王。於是燕惠王用才智平平的將領替換掉他。樂毅知道自己被炒魷魚後，直接投奔了趙國。而齊國也抓住時機大力反擊，五國伐齊最終失敗。

歷史名場面　樂毅怒嗆「傲嬌」燕惠王

燕惠王伐齊失敗後，一方面後悔換下了樂毅，另一方面又怨恨樂毅投奔了趙國。他派人去向樂毅道歉，卻又責備他拋棄燕國，對不起先王的厚愛。事實證明樂毅不吃這一套，他洋洋灑灑寫下了《報燕惠王書》，表明自己對先王的忠心和功敗垂成的無奈。燕惠王看完十分慚愧。

別罵了別罵了……

擅長帶風向並實現翻盤的復國英雄

田單

田單

出生地

齊國臨淄
（今山東臨淄）

生年

不詳

卒年

不詳

身份

齊國將領

技能

火牛破陣

風向大師

　　田單原本只是齊國王族的遠親，沒沒無聞地當著小官，直到因逃生有術出了名，才被推舉為將軍。在齊國危急存亡之際，他努力守護著即墨城。

　　田單是個「風向」的大師，最擅長利用輿論施行反間計。他先在燕國散播樂毅想稱王的謠言，除掉了這個最難對付的對手。又故意宣稱自己最怕看到燕軍把俘虜的鼻子割掉，燕軍一聽果然照做。即墨人因此更加堅守城池，生怕被俘虜。田單還說，齊國人最怕祖墳被損壞。燕軍立馬把城外的墳墓都破壞了。即墨人義憤填膺，戰鬥的氣勢達到了頂峰。最終田單用火牛陣一舉擊敗燕軍，收復七十餘城，被任命為相國，受封為「安平君」。

打著打著，對手變成了同事

　　田單由於功高蓋主，遭到齊王的排擠。另一邊，趙國遭到燕國的攻打後，就跟齊國做交易，把對付燕國很有一手的田單換來做指導，並封他為「都平君」。在這之前，田單的老對手樂毅也投奔了趙國。這兩位在五國伐齊中相互敵對的名將，結果在趙國變成了同事。

同事之間要相親相愛喲！

從一座小城開始絕地反擊

西元前284年，
五國聯軍大舉進攻齊國。

在燕國大將樂毅的率領下，
聯軍拿下了七十多座城池。
齊國只剩莒城和即墨兩座城，離滅亡只有一步。

莒城和即墨給我！

嗚嗚嗚……

X2

燕既盡降齊城，唯獨莒、即墨不下。燕軍
聞齊王在莒，並兵攻之。淖齒既殺湣王於
莒，因堅守，距燕軍，數年不下。
　　　　　　　　　——《史記·田單列傳》

齊國人紛紛逃往即墨，
其中也包括田單，一個管理市場的小官。

該死的燕人，你們
算哪根蔥！

大人，逃命
要緊啊！

逃亡前，田單讓人把車軸突出的部分鋸掉，
並安裝上鐵箍。

好好改裝一下。

燕師長驅平齊，而田單走安平，令其宗人
盡斷其車軸末而傅鐵籠。
——《史記·田單列傳》

不久，燕軍破城而入，
人們駕車逃亡。
路上交通事故頻發，
以至於車軸斷裂，車輛盡毀。

唯有田單一家安全到達即墨。

已而燕軍攻安平，城壞，齊人走，爭途，以
轊折車敗，為燕所虜，唯田單宗人以鐵籠
故得脫，東保即墨。
　　　　　　　　　　——《史記·田單列傳》

後來，
守城大將陣亡，
城裡急需一個新領袖。

田單由於逃生有術，
被大家推舉為將軍。

燕引兵東圍即墨，即墨大夫出與戰，敗死。城中相與推田單，曰：「安平之戰，田單宗人以鐵籠得全，習兵。」立以為將軍，以即墨距燕。

——《史記·田單列傳》

田單在即墨城一守就是五年。
這期間燕國有了新的國君。

燕昭王去世，
惠王繼位。

田單察覺到樂毅與新王有隔閡，
便實行反間計，造謠他想在齊國稱王。

重磅爆料！燕
國將領樂某自
稱要造反！

頃之，燕昭王卒，惠王立，與樂毅有隙。田
單聞之，乃縱反間於燕，宣言曰：「齊王已
死，城之不拔者二耳。樂毅畏誅而不敢
歸，以伐齊為名，實欲連兵南面而王齊。
齊人未附，故且緩攻即墨以待其事……」
——《史記·田單列傳》

燕王果然中計，
撤掉了樂毅。
樂毅乾脆逃到了趙國。

田單又命城裡人在用餐前，先祭拜祖先。
天上的飛鳥為了吃這些貢品，
都盤旋在即墨的上空。

> 燕王以為然，使騎劫代樂毅。樂毅因歸
> 趙，燕人士卒忿。
> ——《史記·田單列傳》

城外的燕軍覺得奇怪，
又聽說了「大鳥會庇護即墨」的傳言。

田單利用燕軍迷信的心理，
打擊了他們的士氣，
讓他們不敢出戰。

而田單乃令城中人食必祭其先祖於庭，飛
鳥悉翔舞城中下食。燕人怪之。田單因宣
言曰：「神來下教我。」
——《史記·田單列傳》

如果史記這麼帥❹ 良將俠客

不久，田單預感決戰的最佳時機來臨，
便親自上陣和士兵一起加固城防。

他還把妻妾編入行伍中，
拿出自家的飲食犒勞大家。

田單知士卒之可用，乃身操版插，與士卒分
功，妻妾編於行伍之間，盡散飲食饗士。
——《史記·田單列傳》

為了麻痺敵軍，
他命精銳部隊潛伏起來，
讓老人和婦孺上城牆防守。

見識下老娘
的厲害！

奶奶，沒有要
真打……

他還派富豪給燕將送上巨額黃金。
燕軍以為即墨就要投降，防備也越來越鬆懈。

金子！金子！

令甲卒皆伏，使老弱女子乘城，遣使約降
於燕，燕軍皆呼萬歲。田單又收民金，得
千溢，令即墨富豪遺燕將，曰：「即墨即
降，願無虜掠吾族家妻妾，令安堵。」燕將
大喜，許之。燕軍由此益懈。
　　　　　　　　　──《史記·田單列傳》

決戰的日子終於來臨，
城裡的一千多頭牛被田單加上裝備。

到了深夜，
他將牛尾巴上的蘆葦點燃，
放牠們出城，
被燒痛的牛便衝向燕軍營地。

這裡有水！

> 田單乃收城中得千餘牛，為絳繒衣，畫以
> 五彩龍文，束兵刃於其角，而灌脂束葦於
> 尾，燒其端。鑿城數十穴，夜縱牛，壯士五
> 千人隨其後。牛尾熱，怒而奔燕軍。
> ——《史記·田單列傳》

燕軍看到這「火牛陣」，
還以為是火龍降世，紛紛逃竄。

田單率領精兵跟在火牛之後，
將燕軍徹底擊退，
樂毅之前攻佔的城池也紛紛反抗。

我回歸！

來吧！

燕軍夜大驚。牛尾炬火光明炫耀，燕軍視
之皆龍文，所觸盡死傷。五千人因銜枚擊
之，而城中鼓噪從之，老弱皆擊銅器為
聲，聲動天地。燕軍大駭，敗走。齊人遂
夷殺其將騎劫。

——《史記・田單列傳》

就這樣，燕軍逃得越來越狼狽，
田單的兵力越來越多，最終把失去的城池全部收回。

齊王也終於能返回國都，
田單因此被封為安平君。

燕軍擾亂奔走，齊人追亡逐北，所過城邑
皆畔燕而歸田單。兵日益多，乘勝，燕日
敗亡，卒至河上，而齊七十餘城皆復為
齊。乃迎襄王於莒，入臨菑而聽政。襄王
封田單，號曰安平君。
——《史記·田單列傳》

【四戰之地】

樂毅認為趙國雖然四面無險可守、容易被攻擊，但因為百姓大多擅長軍事，建議燕王不要攻打它。

【君子交絕，不出惡聲】

樂毅在《報燕惠王書》中說，君子和人斷絕交往時，是不會說出惡言惡語的。

【出奇無窮】

司馬遷評價田單是個多出奇兵、多用奇計、變化多端、使人難以捉摸的軍事家。

反間燕王

樂毅太猛了，只能用反間計。

震驚！樂毅不去攻城，原來是想自己當王！

發送

趕緊給我撤職！

哼！此處不留爺，自有留爺處。

趙國很重視樂毅，不僅給他更高的官位和俸祿，還送了一大片封地。▼

諸葛亮是樂毅的「死忠粉」。他常常跟周圍人說：「我其實也跟樂毅一樣厲害。」▼

幾乎與周朝同壽的齊國

齊國作為老牌諸侯國，雖經歷數度大起大落，但直到最後時刻，依舊雄踞東方。

西元前 547 年

齊景公即位。在晏嬰、司馬穰苴等賢才的輔佐下，齊國穩定發展，揚名諸侯。

西周早期

姜子牙被周武王封於瀕海之地營丘。他團結本地居民，發展工商業，利用當地魚鹽之利，使人口大增，齊國也因此成為大國。

西元前 555 年

齊國被晉國與十一諸侯聯軍討伐，遭遇大敗，齊國霸業崩潰。

西元前 651 年

齊桓公舉行葵丘會盟，周天子派代表參加。標誌著齊桓公的霸業達到頂峰，齊桓公成為春秋時期中原的首位霸主。

西元前 221 年

齊軍無力面對進攻的秦軍，齊王建於是主動投降，齊國滅亡。

西元前 391 年

田和放逐了齊康公，後自立為王。姜姓齊國正式被田氏齊國取代，史稱「田氏代齊」。

西元前 284 年

五國伐齊，齊國一度被打到只剩下兩座城池。後來田單施行反間計和火牛陣，絕地反攻，收復失地。齊國得以復國。

西元前 356 年

齊威王即位。他內任鄒忌進行改革，外用田忌、孫臏為大將，齊國逐漸變得強大。

趙國將軍

見證了榮耀和窘迫

5 /

趙國是戰國七雄之一，曾擁
有極高的軍事實力，名將輩
出。但長平之戰後，趙國實
力一落千丈，最終成為第二
個被秦國消滅的國家。

廉頗

知錯能改、不願服老的國之柱石

廉頗

出生地

趙國苦陘
（今河北定州）

生年

西元前 327 年

卒年

西元前 243 年

身份

趙國將領

技能

負荊請罪

將相和睦

廉頗作為趙國的大將，戰功赫赫，在國內的地位很高。但藺相如經過了「完璧歸趙」和「澠池之會」事件後，官職直線上升，最終比廉頗還要高。廉頗面上無光，公然放話：「有他沒我，有我沒他！」還說：「如果讓我碰到他，一定要當面羞辱他。」藺相如於是開始避免與他碰面。上朝時也常常推說身體不適，不去跟廉頗爭奪位置的先後。

藺相如的門客為他感到委屈，但他解釋說，自己之所以避開廉頗，是以國家大局為重。廉頗聽到後自慚形穢，便脫去上衣，露出上身，背著荊條，來向藺相如謝罪。兩人終於和好，成為了生死之交。

歷史名場面　大口吃飯，卻被曲解成愛上廁所

廉頗晚年時，受盡秦國欺負的趙王想請他出山，又擔心他年紀大了擔不了重任，就派使者去探望。廉頗很想繼續為國效力，所以故意在使者面前大口吃飯、嚼肉，表示自己寶刀未老。但是使者已經被廉頗的仇敵郭開收買，向趙王報告時便說他壞話：「廉將軍飯量很大，但一會兒就上了三次廁所。」趙王於是打消了這個念頭。

趙奢

只一戰便位列武廟的勇者

趙奢

出生地

趙國邯鄲
（今河北邯鄲）

生年

不詳

卒年

不詳

身份

趙國將領

技能

天降奇兵

因地制宜

趙奢原本只是一個收租稅的官吏，由於執法嚴明，被平原君推薦給趙王，掌管全國的賦稅，使民眾富足、國庫充實。

有一次，秦國進攻韓國，軍隊駐紮在閼（一ㄢ）與城。趙惠文王想去援救，但將領們都推脫說路途遙遠、地勢險要，只有趙奢認為這些都不要緊，狹路相逢勇者勝，趙王於是讓他領兵出發。為了迷惑秦軍的間諜，趙奢剛走了一段路，就讓軍隊在營壘待了近一個月。秦軍認為趙國膽小，放鬆了警惕。趙奢便命令士兵卸甲，急速前進，趁秦軍還沒反應過來，就殺到他們跟前。後來，他又大膽採取士兵的建議，佔據了北邊的山頭，居高臨下，很快大敗秦軍，完成了援救任務。這之後，趙奢在趙國的地位就與廉頗、藺相如一樣高了。

原來如此　馬姓的淵源

閼與之戰後，趙王把趙奢封到馬服，並賜予他「馬服君」的稱號。於是他的一部分子孫後代改姓「馬服」，後來又被簡化為單姓「馬」。據說這部分人是當時馬姓民眾的重要來源，趙奢也就成了馬姓的始祖之一。

只會打嘴炮的軍事理論家

趙括

知子莫若父母

趙括

出生地

趙國邯鄲
（今河北邯鄲）

生年

不詳

卒年

西元前 260 年

身份

趙國將領

技能

紙上談兵

趙括是趙奢的兒子，自幼熟讀兵書，能侃侃而談。而趙奢卻認為他帶兵打仗的話，只會大敗。

長平之戰時，趙王讓趙括取代廉頗，趙括的母親立馬上書勸阻。她告訴趙王，趙奢哪怕做了將軍，還會關心別人吃喝，將得到的賞賜都分給部下；而趙括剛當上將軍就耀武揚威，不僅將賞賜收藏起來，還天天四處購買便宜的房產、田產，根本不是當將軍的料。但是趙王心意已決，趙括的母親只好請他在趙括出事時不要株連自己。趙括上戰場後，果然不敵秦軍，戰敗身死，趙國損失慘重，差點滅亡。但因為有言在先，趙王最後還是放過了趙括的母親。

小兔崽子又不去練兵！

我在外面炒房呢。

你知道嗎？ 趙括只是個「背鍋俠」？

有人認為，把長平之戰的失敗歸於趙括一人很不公平。當時趙國國力消耗巨大，照廉頗的打法，很快就撐不下去。趙王剛換上年輕氣盛的趙括時，也收復了幾個失地，但因為對手是幾乎無人能敵的「戰神」白起，趙括才回天乏術。白起戰後曾跟秦王報告，長平之戰讓秦軍損失了一半人員，也側面說明趙括並非無能之輩。

當沙場菜鳥遇上「戰神」

戰國後期，
秦國與趙國爆發了一場大戰，
在長平這個地方僵持不下。

這時的趙國陷入了「人才危機」，
大將趙奢去世，名相藺相如病重，
只有老將廉頗能去抵抗。

> 七年，秦與趙兵相距長平，時趙奢已死，
> 而藺相如病篤，趙使廉頗將攻秦。
> ——《史記·廉頗藺相如列傳》

兩軍實力懸殊，
廉頗便下令軍隊堅守營地，以逸待勞。

給我滾出來！

就這樣耗了一段時間，
秦王不想再等，故意讓奸細散播謠言。

還好他們沒派趙括出來，
不然我們就死定了！

秦數敗趙軍，趙軍固壁不戰。秦數挑戰，
廉頗不肯。趙王信秦之間。秦之間言曰：
「秦之所惡，獨畏馬服君趙奢之子趙括為
將耳。」
　　　　　　　　——《史記·廉頗藺相如列傳》

趙括是大將趙奢的兒子。
他雖然沒上過戰場，
但從小學習兵法，
自以為天下無人能敵。

我，天下第一！

說什麼呢？還不過來幫媽洗碗！

謠言傳到了趙王的耳裡，
他本就對廉頗的防禦戰術不滿，
於是決定讓趙括取代廉頗。

上吧！

趙括自少時學兵法，言兵事，以天下莫能當。
——《史記·廉頗藺相如列傳》

藺相如知道後，
拖著病體去勸阻趙王：
「趙括不懂隨機應變，
就像用膠水把樂器的弦柱黏死，
彈起來無法變調一樣。」

求求你別再彈了！

藺相如苦口婆心講道理，
但趙王心意已決。

聽不見

> 趙王因以括為將，代廉頗。藺相如曰：「王
> 以名使括，若膠柱而鼓瑟耳。括徒能讀其父
> 書傳，不知合變也。」趙王不聽，遂將之。
> 　　　　　　　——《史記・廉頗藺相如列傳》

秦王一看趙國中了計，
也隨即換將，
出動了超級戰神白起。

秦國的保密工作做得很好，
趙括還以為自己面對的是一般將領，
不假思索發動了總攻。

秦聞馬服子將，乃陰使武安君白起為上將
軍。而王齕為尉裨將，令軍中有敢泄武安
君將者斬。趙括至，則出兵擊秦軍。
——《史記·白起王翦列傳》

白起這邊則兵分兩路，
一路假裝敗退，
將趙括引入自己的埋伏中。

另一路插入趙軍與營壘之間，
分割趙軍主力部隊，同時切斷糧道。

禁止外送通行。

……

秦軍詳敗而走，張二奇兵以劫之。趙軍逐
勝，追造秦壁。壁堅拒不得入，而秦奇兵
二萬五千人絕趙軍後，又一軍五千騎絕趙
壁間，趙軍分而為二，糧道絕。
　　　　　——《史記·白起王翦列傳》

趙括被秦軍圍困，
又得不到糧食補充，腹背受敵。

過了四十多天，趙軍飢渴難耐。
趙括只好放手一搏，結果身中亂箭而亡。

> 至九月，趙卒不得食四十六日，皆內陰相
> 殺食。來攻秦壘，欲出。為四隊，四五復
> 之，不能出。其將軍趙括出銳卒自搏戰，
> 秦軍射殺趙括。
> 　　　　　　　　——《史記·白起王翦列傳》

趙軍只能投降，
趙國在這一仗損失了四十多萬人。

秦軍乘勝追擊，趙國的國都差點被攻破。
幸虧楚國、魏國及時前來救援，
才解除了危機。

括軍敗，卒四十萬人降武安君。武安君計
曰：「前秦已拔上黨，上黨民不樂為秦而
歸趙，趙卒反覆。非盡殺之，恐為亂。」乃
挾詐而盡坑殺之，遺其小者二百四十人歸
趙。前後斬首虜四十五萬人。趙人大震。
　　　　　　　　——《史記·白起王翦列傳》

【負荊請罪】

廉頗背著荊條向藺相如道歉請罪。指主動向對方承認錯誤，請求原諒。

【紙上談兵】

趙括只會嘴上談用兵策略，沒有實戰經驗。比喻不聯繫實際情況，空發議論。

書上都是對的。

【布衣之交】

古時候平民只能穿布衣，所以用布衣之交形容平民之間真摯的友誼。

人情冷暖

廉頗在長平之戰中被罷職。

走了走了。

後來又被重新召為將軍。

來了來了！

一群勢利眼！

您有勢我就跟，您無勢我就走，這很正常呀！

……

戰國諸侯的公子哥喜歡養一堆門客來彰顯自身的地位。他們有的在關鍵時候能派上用場，但有的只是騙吃騙喝。▼

廉頗晚年再次遭到趙國君主的排擠，無奈離開。他死後沒過幾年，趙國就被秦國滅亡了。▼

勵志的趙氏：
從被滅門到建國

戰國時期的趙國來源於春秋時期的晉國趙氏，趙氏曾慘遭滅門，只留下一個孤兒，後來他重振趙氏榮光，子孫更是在此基礎上建立了趙國。

西元前 453 年

晉陽之戰中，趙襄子策反韓氏和魏氏，共同滅了智氏。

西元前 403 年

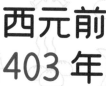

趙國正式建立，並實行改革。

西元前 376 年

趙國和韓、魏三家共同滅了晉國，瓜分了它的土地。

西元前 325 年

趙武靈王即位，開始推行「胡服騎射」，大大提升了軍事實力。

西元前 260 年

秦軍發動長平之戰，趙國邯鄲被圍，遭到重創。

西元前 233 年

秦軍捲土重來，趙王派李牧抗擊，在肥之戰中全殲秦軍。

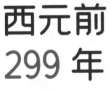

西元前 299 年

趙惠文王即位，他任用平原君、樂毅、藺相如、廉頗、趙奢等文武大臣，將國家推上鼎盛。

西元前 228 年

秦將王翦通過反間計陷害李牧，成功攻破邯鄲，俘虜趙王。趙國滅亡。

帝國之師

大拓秦國版圖

6 /

戰國末期，秦國出現兩位耀
眼的大將軍──白起和王
翦。他們征戰四方，為秦朝
統一天下作出巨大貢獻。

戎馬一生的千古第一戰神

白起

白起

出生地

秦國郿邑
（今陝西眉縣）

生年

不詳

卒年

西元前257年

身份

秦國將領

技能

驍勇善戰

不敗戰神

白起善於打仗，從他領兵開始，就不斷建立功績：

西元前293年，在伊闕之戰中打敗韓魏聯軍，殺敵24萬；

西元前278年，攻破楚國首都，獲得「武安君」的封號；

西元前273年，攻打魏趙聯軍，殺敵13萬；

西元前264年，攻佔韓國數座城邑，殺敵5萬；

西元前260年，打贏長平之戰，重創趙國，殺敵45萬。

…………

據考證，整個戰國時期約戰死200萬人，而白起帶兵殺敵的數字，就將近一半。他平生經歷數十場戰役，未嘗有過敗績，對得起「戰神」的稱號。

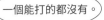
一個能打的都沒有。

 你知道嗎？ 戰神也逃不過朝堂暗箭

長平之戰後，白起威震四方。丞相范雎擔心他地位高過自己，就建議秦王停戰，讓趙國割地求和，白起因此不爽。過了一年，秦王再次令白起攻打趙國，卻被他稱病拒絕。秦王只好指派別人，結果遭遇慘敗。白起知道後對秦王冷嘲熱諷，秦王怒火中燒，強令白起就任。白起不從，最終被罷官驅逐、賜死。

膽敢向上司要好處的虎將

王翦

智勇雙全

王翦

出生地

秦國頻陽
（今陝西富平）

生年

不詳

卒年

不詳

身份

秦國將領

技能

橫掃乾坤

王翦是繼白起之後，秦國的又一傑出將領。他曾帶兵攻打趙國，一連拿下九座城池。後來還俘虜了趙王，滅掉趙國。荊軻刺秦王後，他被派去攻打燕國，之後他又滅掉了楚國。

他不僅有指揮能力，也擅長用計謀。據說他曾得知范雎的仇人魏齊逃到趙國平原君的門下，便向秦王獻計，約平原君來函谷關赴宴。秦王依計而行，借機扣押了平原君，以此逼趙王交出魏齊。趙王嚇得趕緊派兵圍住平原君府，魏齊走投無路，拔劍自刎。王翦就這樣未費一兵一卒，幫范雎解了多年的心頭之恨。後來攻打趙國時，他也用反間計除掉李牧這個最大的對手，從而瓦解趙軍。

 原來如此 **無法逃避的三代而亡命運**

王翦和他的兒子王賁都為秦國的統一大業攻城掠地，他的孫子王離則在秦末領軍鎮壓農民起義，還將趙軍圍困在巨鹿。當時有人認為王離家軍功顯赫，一定能取勝。但也有人反對，認為武將世家到了第三代注定要失敗，因為他的家族殺戮過重，後代必會受到懲罰。果然不久後，項羽援救趙國，打敗秦軍，俘虜了王離。

不打沒有把握的仗

王翦是秦國大將，
曾率領秦軍征討各國，
為秦統一六國立下汗馬功勞。

秦國還有一位大將叫李信，
他只帶領千人就打敗燕軍，
因此受到秦王嬴政的賞識。

將軍立了大功，今晚慶祝慶祝！

十八年，翦將攻趙。歲餘，遂拔趙，趙王
降，盡定趙地為郡。明年，燕使荊軻為賊
於秦，秦王使王翦攻燕。燕王喜走遼東，
翦遂定燕薊而還。
　　　　　　——《史記·白起王翦列傳》

後來，嬴政想滅掉楚國。
李信認為只要二十萬人就能拿下。

嬴政又去問王翦，
他卻說最少要六十萬人。

秦將李信者，年少壯勇，嘗以兵數千逐燕太子丹至於衍水中，卒破得丹，始皇以為賢勇。於是始皇問李信：「吾欲攻取荊，於將軍度用幾何人而足？」李信曰：「不過用二十萬人。」

——《史記·白起王翦列傳》

嬴政認為王翦老了，
膽子小了，
改讓李信和蒙恬去攻打楚國。

自己的意見沒被採納，
王翦就以生病為藉口，
回鄉養老去了。

> 始皇問王翦，王翦曰：「非六十萬人不可。」始皇曰：「王將軍老矣，何怯也！李將軍果勢壯勇，其言是也。」遂使李信及蒙恬將二十萬南伐荊。王翦言不用，因謝病，歸老於頻陽。
> ——《史記·白起王翦列傳》

李信一行接連攻破楚國多個城池，
正得意洋洋。

但沒多久，
他就被楚國的精銳突襲，
打了三天三夜，
最後大敗。

你好卑鄙！

兵不厭詐。

李信攻平與，蒙恬攻寢，大破荊軍。信又
攻鄢郢，破之，於是引兵而西，與蒙恬會
城父。荊人因隨之，三日三夜不頓舍，大
破李信軍，入兩壁，殺七都尉，秦軍走。
——《史記·白起王翦列傳》

這是秦滅六國期間少有的敗仗，
贏政既生氣又後悔，
親自向王翦賠罪，請他出山。

上車吧，
回去吧。

對不起

王翦再次提出六十萬兵力的方案，
贏政馬上答應了。

六十萬，一個
都不能少。

你要什麼我
都答應！

始皇聞之，大怒，自馳如頻陽，見謝王翦曰：
「寡人以不用將軍計，李信果辱秦軍。今聞
荊兵日進而西，將軍雖病，獨忍棄寡人
乎！」……王翦曰：「大王必不得已用臣，非六
十萬人不可。」始皇曰：「為聽將軍計耳。」
　　　　　　　　——《史記·白起王翦列傳》

王翦帶領大軍準備出發時，
又向嬴政索要很多地產。

嬴政有些哭笑不得，
還嘲笑他貪心，
竟然擔心不能飛黃騰達。

於是王翦將兵六十萬人，始皇自送至灞
上。王翦行，請美田宅園池其眾。始皇曰：
「將軍行矣，何憂貧乎？」
　　　　　　　　　——《史記·白起王翦列傳》

王翦卻十分堅持，
說想趁此為子孫後代多做打算。

他的部下見他要了這麼多東西，
很擔心秦王會生氣。

王翦曰：「為大王將，有功終不得封侯，
故及大王之向臣，臣亦及時以請園池為子
孫業耳。」始皇大笑。王翦既至關，使使還
請善田者五輩。
　　　　　　　　　──《史記·白起王翦列傳》

王翦告訴他，
多討要賞賜，
秦王才會更安心。

真是伴君如
伴虎啊。

到了戰場上，
楚國動員了全國的軍事力量來抵抗。

或曰：「將軍之乞貸，亦已甚矣。」王翦曰：
「不然。夫秦王怚而不信人。今空秦國甲
士而專委於我，我不多請田宅為子孫業以
自堅，顧令秦王坐而疑我邪？」
——《史記・白起王翦列傳》

王翦於是下令堅守營壘，
不准士兵出戰，
也不回應楚軍的挑釁。

有本事你出來！

王翦每天都讓將士洗澡、休息，
還跟他們一起用餐，讓大家吃好穿好。

哦哦哦哦哦哦！

澡堂

嗯，這力道合適。

王翦果代李信擊荊。荊聞王翦益軍而來，乃
悉國中兵以拒秦。王翦至，堅壁而守之，不
肯戰。荊兵數出挑戰，終不出。王翦日休士
洗沐，而善飲食撫循之，親與士卒同食。
　　　　　　　　　——《史記·白起王翦列傳》

過了一段時間，
軍中士兵都閒得發慌，
王翦覺得用兵之時到了。

另一邊的楚軍看到挑釁無果，
便往東轉移。
王翦抓住機會發動猛攻，
大破楚軍。

久之，王翦使人問軍中戲乎？對曰：「方投
石超距。」於是王翦曰：「士卒可用矣。」荊
數挑戰而秦不出，乃引而東。翦因舉兵追
之，令壯士擊，大破荊軍。
　　　　　　　——《史記·白起王翦列傳》

他乘勝一路追擊，
斬殺楚國大將，
攻取了楚國大部分城池。

最後，王翦俘虜了楚王，
將楚國收為秦國的郡縣。
他的兒子王賁也和李信一起，
滅亡了燕國和齊國。

虎父無犬子！

如果史記這麼帥❹ 良將俠客

至蘄南，殺其將軍項燕，荊兵遂敗走。秦
因乘勝略定荊地城邑。歲餘，虜荊王負
芻，竟平荊地為郡縣。因南征百越之君。
而王翦子王賁，與李信破定燕、齊地。
——《史記·白起王翦列傳》

西元前221年，
贏政統一六國，成為秦始皇。
王翦作為大功臣，
聲名一直流傳到了後世。

史書沒有記載王翦的結局，
但很多人願意相信，
他功成名就後急流勇退，
得以安享晚年。

秦始皇二十六年，盡並天下，王氏、蒙氏
功為多，名施於後世。
——《史記·白起王翦列傳》

秦：統一六國，我做到了！

最先受傷的竟是我。

滅韓
時間：西元前 230 年
將領：內史騰
過程：攻破韓都，俘獲韓王

滅魏
時間：西元前 225 年
將領：王賁
過程：引黃河水灌入魏都，魏王投降

滅趙
時間：西元前 228 年
將領：王翦、王賁
過程：用反間計除掉趙將李牧，最終攻陷趙都，趙王投降

燕
時間：西元前 222 年
將領：王賁、李信
過程：以「荊軻刺秦」為藉口大舉攻燕，消滅太子丹率領的主力軍，最後俘獲燕王

滅楚
時間：西元前 223 年
將領：王翦
過程：王翦率六十萬大軍和楚軍相持一年，最終打敗楚軍，俘獲楚王

滅齊
時間：西元前 221 年
將領：王賁、李信
過程：齊國對其他五國的滅亡袖手旁觀，輪到自己時無力反抗，主動投降

匈奴起星

不教胡馬度陰山

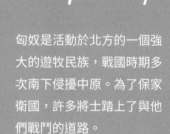

7/

匈奴是活動於北方的一個強
大的遊牧民族，戰國時期多
次南下侵擾中原。為了保家
衛國，許多將士踏上了與他
們戰鬥的道路。

李牧

北拒匈奴南抗秦，依然難逃猜忌

李牧

出生地
趙國柏仁
（今河北邢臺）

生年
不詳

卒年
西元前 229 年

身份
趙國將領

技能

厚積薄發

抗秦先鋒

　　李牧是戰國末期趙國的名將。他軍旅前期鎮守北部邊境，抵禦匈奴進攻，在趙破匈奴之戰中，全殲敵方十萬騎兵，解除了匈奴的威脅。後期他主要負責抵禦秦國的強攻，在肥之戰中採取正面阻敵、兩翼包抄的戰術，大破秦軍，又在番吾之戰敵強我弱的情況下，擊潰秦軍，可以說是最讓秦國頭疼的敵人之一。

　　秦國的王翦深知李牧在戰場上的威力，於是用重金買通趙王的寵臣郭開，讓他造謠李牧謀反。趙王聽信讒言，派別人接替李牧。李牧信奉「將在外，君命有所不受」，拒絕接受命令，趙王乾脆派人暗中逮捕並斬殺了他。李牧死後才三個月，王翦就滅了趙國。

一張嘴解決趙國兩大將軍

　　離間李牧與趙王關係的郭開，跟之前因私仇賄賂使臣說廉頗壞話，最終導致廉頗鬱鬱而終的郭開是同一個人。這位仁兄本身沒什麼能力，主要靠阿諛奉承上位，但在趙國幾個重要人物的命運走向上，卻發揮了不小作用。從他憑一己之力陷害了趙國兩位名將來看，可以說是「趙國第一內鬼」。

> 開開，好久不見啊。

驅匈奴築長城，卻被陷害冤死

首築長城

蒙恬

出生地

齊國蒙山
（今山東臨沂）

生 年

不詳

卒 年

西元前 210 年

身 份

秦朝將領

技 能

萬里長城

蒙恬出生在將門世家，祖父和父親都是立下戰功的將軍。蒙恬長大後也成為了一名將軍，在攻破齊國的過程中立下功勞。

秦朝建立後，秦始皇擔心匈奴圖謀不軌，就拜蒙恬為大將，命他北擊匈奴。蒙恬率領三十萬秦兵，不僅把匈奴打得人仰馬翻，還做了更長遠的準備：修築長城。他調動幾十萬軍隊和百姓，將原來秦、趙、燕三國北邊的防護城牆連接起來，重新整修、加固，建起了東起遼東、西至臨洮的萬里長城，用來保衛北方邊境。在他的鎮守下，匈奴多年不敢深入中原。

原來如此　蒙氏三代鞠躬盡瘁，仍然慘死

蒙恬在外負責帶兵打仗，他的弟弟蒙毅則在朝廷出謀劃策，一家人都很受秦始皇信任和賞識。有一次，侍奉二皇子胡亥的趙高犯下重罪，秦始皇讓蒙毅依法處置他，於是蒙毅判了他死刑。秦始皇覺得趙高辦事勤勉，這樣處罰太重了，又赦免了他。趙高從此開始怨恨蒙家兄弟，最終設計殺害了他們。

扮豬吃虎的匈奴剋星

李牧是負責趙國邊防的大將軍，
長期駐守在雁門關，
時刻防備匈奴入侵。

他對將士們非常好，
將收上來的稅作為日常開銷的經費。

> 李牧者，趙之北邊良將也。常居代雁門，
> 備匈奴。以便宜置吏，市租皆輸入莫府，
> 為士卒費。
> ——《史記·廉頗藺相如列傳》

那時的牛、羊肉都是奢侈品。
而李牧每天訓練士兵後，
都宰殺牛、羊慰勞他們。

他還規定了應對匈奴的策略：
一旦看到匈奴入侵就回防，
不要主動捉拿他們！

日擊數牛饗士，習射騎，謹烽火，多間諜，
厚遇戰士。為約曰：「匈奴即入盜，急入收
保，有敢捕虜者斬。」
——《史記·廉頗藺相如列傳》

因此，每當匈奴來犯，
李牧的部隊就整批退回堡壘。

這樣來來回回過了幾年，
趙軍沒有任何損失。
但匈奴卻認為李牧是個膽小鬼，
甚至連趙軍士兵都看不起他。

匈奴每入，烽火謹，輒入收保，不敢戰。如
是數歲，亦不亡失。然匈奴以李牧為怯，
雖趙邊兵亦以為吾將怯。
——《史記・廉頗藺相如列傳》

趙王聽說後，
便派人指責李牧。
但他聽不進去，
趙王於是改派別人。

此後，只要匈奴來犯，
趙軍必定出戰。
將士死傷慘重，
連邊境的土地都無法耕種和放牧了。

趙王讓李牧，李牧如故。趙王怒，召之，使
他人代將。歲餘，匈奴每來，出戰。出戰，
數不利，失亡多，邊不得田畜。
——《史記·廉頗藺相如列傳》

趙王又去請李牧出山，
但他推辭不去。

我得了一去邊境
就會發燒的病。

你這還沒
去呢。

趙王見李牧不吃軟的，
就強令他重新領兵。
李牧趁機要求要按自己的方法來，趙王答應了。

有病也要去雁門關
養著！想幹什麼就
幹什麼。

大王，說話
算話哦。

復請李牧。牧杜門不出，固稱疾。趙王乃
復強起使將兵。牧曰：「王必用臣，臣如
前，乃敢奉令。」王許之。
——《史記·廉頗藺相如列傳》

李牧又回到邊境。

幾年後，將士們每天吃好穿好，

卻閒得發慌，戰鬥意願非常強。

他見時機成熟，

精心挑選武器和將士，夜以繼日地訓練。

戰車1300輛+戰馬13000匹+精銳勇士50000人+善於射箭的士兵100000人

= 強大

> 李牧至，如故約。匈奴數歲無所得。終以為
> 怯。邊士日得賞賜而不用，皆願一戰。於是
> 乃具選車得千三百乘，選騎得萬三千匹，百
> 金之士五萬人，轂者十萬人，悉勒習戰。
> ——《史記‧廉頗藺相如列傳》

他還讓人們四處放牧，
漫山遍野都是牛羊。

後來，一小隊匈奴人馬入侵邊境，
李牧假裝不敵，
被匈奴俘虜了幾千人。

大縱畜牧，人民滿野。匈奴小入，詳北不
勝，以數千人委之。
——《史記·廉頗藺相如列傳》

匈奴首領得知後，
立刻率領主力部隊趕來。
漫山遍野的牛羊，讓他們放鬆了警惕。

而李牧早就布下奇陣，
趙軍左右夾擊，大敗匈奴。
此後十多年，匈奴再也不敢接近。

單于聞之，大率眾來入。李牧多為奇陣，
張左右翼擊之，大破殺匈奴十餘萬騎。滅
襜襤，破東胡，降林胡，單于奔走。其後十
餘歲，匈奴不敢近趙邊城。
　　　　　　——《史記·廉頗藺相如列傳》

143

【武將世家】

蒙恬的祖父一直為秦國征戰，父親也參加了滅楚之戰。蒙恬率軍北征匈奴，弟弟蒙毅則在朝中擔任重臣。

【聲名狼藉】

蒙恬的弟弟被秦二世逼死前，大罵秦二世殘害忠臣，聲望和名譽將敗壞到極點，不可收拾。

【挖斷地脈】

蒙恬被秦二世逼死前，自覺沒有對不起秦朝的地方，最後歸罪於自己在修長城時挖斷了地脈。

蒙恬造筆

傳說，蒙恬寫戰報時總覺得不方便。

難用。

有天他看到尾巴沾上泥點的兔子，

啪！

跳過時留下一路的印記。

毛筆就這樣誕生了！

遠古時期，人們把文字、圖畫刻在石頭上，進行記錄。▼

後來人們又發明了狼毫筆，用的是黃鼠狼尾巴的毛。▼

秦始皇手下那些文臣武將

雄才偉略的君王身邊不會缺少優秀的人才，秦始皇也是如此。老謀深算的文臣，英勇善戰的武將，共同輔佐他締造偉業。

文臣　　武將

呂不韋

事蹟： 將秦始皇的父親從趙國帶回並扶植成為秦王。秦始皇即位後，封他為相邦，尊稱「仲父」，呂不韋權傾天下。

結局： 受叛亂牽連，被貶去蜀地，在流放途中自盡。

李斯

事蹟： 協助秦始皇統一六國。之後擔任丞相，提議實行郡縣制，提議統一文字、貨幣、度量衡和車軌。

結局： 被趙高逼迫承認謀反，滿門抄斬。

王翦

事蹟：「戰國四大名將」之一，統一六國的主要戰將。

結局：在秦始皇統一天下後急流勇退。

王賁

事蹟：奪取楚國十幾座城池，作為主將滅魏、滅燕、滅齊和消滅趙國殘存勢力。

結局：統一後曾跟隨秦始皇出巡，之後無史料記載。

蒙恬

事蹟：帶兵攻打齊國，後帶兵抵禦匈奴，修築長城，被稱為「中華第一勇士」。

結局：被秦二世賜死。

李信

事蹟：與王翦一併攻破趙國。荊軻刺殺事件後，率軍一路追殺燕太子丹，跟隨王賁滅燕、滅齊。

結局：統一後無史料記載。

刺客之魂

士為知己者死

8/

史上的著名刺客不畏強權，
敢於冒生命危險，忍受非人
的待遇，只為心中「忠義」
二字。無論成功與否，他們
的信念都得以長存。

豫讓

優次行刺不成功，以死盡忠報知己

豫讓

出生地

晉國

生年

不詳

卒年

不詳

身份

刺客

技能

改頭換面

士為知己者死

豫讓是春秋末期晉國卿大夫智伯的臣子。智伯被韓、趙、魏三家卿大夫聯合攻打時，寡不敵眾，兵敗身亡。其中的趙襄子痛恨智伯，竟然把他的頭骨拿來當酒器。

豫讓逃過一劫，為了報答智伯的知遇之恩，決心向趙襄子復仇。於是他改名換姓，來到趙襄子的宮廷修理廁所，想找機會刺殺趙襄子，結果事情敗露。趙襄子認為他是個義士，釋放了他。

但豫讓沒有放棄，為了不再被認出來，他變形改音，甚至連妻子都不認得他。於是豫讓埋伏在橋下，伺機刺殺趙襄子，結果還是沒有成功。這一次趙襄子不再放過他了。臨死前，豫讓求得趙襄子的外衣，拔劍刺破，表明已經盡力復仇，然後就自刎了。

我前天剛做的衣服啊！

原來如此 為了原則不願走捷徑

豫讓的朋友曾經給他出招，讓他先投靠趙襄子，等獲取了信任後，再尋機刺殺，這遠比摧殘自己的身體來得輕鬆。但豫讓對此嗤之以鼻，他認為如果這麼做了，就是懷著二心侍奉君主，違背了自己的原則。

對家人孝順關愛，對朋友俠肝義膽

聶政

聶政

出生地
韓國軹
（今河南濟源）

生年
不詳

卒年
西元前 397 年

身份
刺客

技能

棠棣之華

屠戶刺客

聶政曾經殺過人，為了逃避仇敵，他和母親、姊姊搬到齊國，自己做了屠夫。韓國有個叫嚴仲子的大官，跟丞相俠累結下仇怨，就四處尋找能幫他報仇的人。他來到齊國，聽說聶政是個隱居的勇士，便登門拜訪，跟聶政表明目的，還送上黃金為聶政母親祝壽。聶政因母親尚在，始終不肯接受，嚴仲子也不勉強，盡了禮儀後辭別離開。

後來，聶政母親去世。聶政感念嚴仲子作為韓國的官員，不遠千里屈尊跟自己這種平民結交，還花重金為自己母親祝壽，決定向他報恩。他獨自一人前往韓國，徑直闖進俠累家門，擊殺了數十人，最終寡不敵眾倒下了。為了不被認出，他自行毀去容貌，很快就死去。

歷史名場面　同樣有情有義的姊姊

聶政的姊姊聽說有人刺殺韓國丞相，卻沒有人知道兇手是誰，便立即前往，找到他的遺體並認出了聶政。她趴在遺體上痛哭著說：「我的弟弟聶政毀去容貌，不想牽累我，但我又怎能為了自保，就埋沒他的名字，讓他默默死去呢？」她哭喊許久，最終因為哀傷過度死在弟弟身旁。

捨生取義、孤膽抗強秦的壯士

荊軻

荊軻

出生地
衛國

生年
不詳

卒年
西元前 227 年

身份
刺客

技能

白虹貫日

荊軻的朋友圈

荊軻當過一段時間的「無業遊民」。在燕國，他和一個屠夫及擅長擊筑的高漸離結交，成為知己。荊軻特別喜歡飲酒，天天和朋友在大街上喝酒，喝得似醉非醉以後，高漸離擊筑，荊軻就和著節拍唱歌，一會兒又和朋友抱在一起哭泣。

荊軻雖然混在酒徒中，可他為人穩重，喜歡讀書、擊劍；他遊歷過很多國家，與各地的賢士豪傑來往。荊軻後來認識了燕國隱士田光，並在他的推薦下與太子丹結交。最終，他接下了「刺殺秦王政」的艱巨任務，可惜失敗了。

大開眼界　繼承好友意志的高漸離

秦始皇四處通緝曾想刺殺自己的人，高漸離因此躲了起來。但他擊筑水準實在太高了，被推薦到秦始皇面前演奏。得知他是荊軻的好友後，秦始皇因為惜才，只命人弄瞎他的眼睛。高漸離得以經常接近秦始皇，就找機會把鉛塊裝進筑中，想刺殺他，可惜沒有擊中。秦始皇這才殺了他，此後再也不敢接近以前六國的人了。

一心護主、甘受折磨的硬漢

貫高

出生地
不詳

生年
不詳

卒年
不詳

身份
漢朝趙國相國

技能

鋼筋鐵骨

背刺劉邦

　　貫高是漢初趙國的相國，輔佐趙王——漢高祖劉邦的女婿。一次，劉邦來找女婿敘敘舊。趙王態度謙卑、禮節得當，劉邦卻對他十分傲慢和失禮。趙王本人比較佛系，毫不介意。貫高就沒那麼好脾氣了，他認為劉邦故意侮辱趙王，氣得想上去殺了他。趙王嚇了個半死，趕緊勸他停手。貫高知道趙王仁德，但自己咽不下這口氣，於是秘密組織了一個「刺殺小隊」。大家達成共識：假如事情成功了，功勞歸趙王所有；要是失敗了，自己承擔罪責。

　　刺殺小隊得知劉邦要在某地留宿，便在旅館部署了刺客。不巧，劉邦覺得這個地名不吉利，沒有留宿就走了。後來，貫高的仇人向劉邦告密，趙王和刺殺小隊都被逮捕了。

原來如此 遭受酷刑仍保持骨氣的硬漢

　　貫高被逮捕後，劉邦一心認為背後是趙王在指使，下令對他嚴刑拷打，貫高的皮膚沒有一處是完好的。但貫高頂住了酷刑，把所有罪責攬在自己身上。劉邦最終被他的忠義感動，赦免了他。貫高認為自己已經幫趙王洗清嫌疑，但也沒有臉面再侍奉他，於是自殺了。

荊軻刺秦王，既勇敢又草率

戰國末年，秦國一統天下的戰火，
馬上就要蔓延到燕國。

太子丹非常憂慮，
尤其在秦國的將領樊於期叛逃到燕國後，
他更害怕會遭到報復。

怎麼辦？ 怎麼辦？
怎麼辦？ 怎麼辦？
怎麼辦？ 怎麼辦？

> 其後秦日出兵山東以伐齊、楚、三晉，稍
> 蠶食諸侯，且至於燕，燕君臣皆恐禍之
> 至。太子丹患之。
> ——《史記·刺客列傳》

這時，太子丹結識了劍客荊軻。
他希望荊軻能去劫持秦王，
讓秦國歸還侵佔的土地。

幫我威脅一
下秦王，

搞不定就
殺了他。

……

荊軻猶豫許久，
提出要用樊於期的人頭和燕國的地圖，
來換取秦王的信任。

樊 ＋

荊軻曰：「微太子言，臣願謁之。今行而毋
信，則秦未可親也。夫樊將軍，秦王購之
金千斤，邑萬家。誠得樊將軍首與燕督亢
之地圖，奉獻秦王，秦王必說見臣，臣乃
得有以報。」
——《史記·刺客列傳》

太子丹覺得地圖好解決，
但殺掉投奔自己的樊於期，
似乎有些不仁義。

荊軻只好私下跟樊於期講道理。
樊於期為了報復秦國，主動獻身了。

太子曰：「樊將軍窮困來歸丹，丹不忍以己之私而傷長者之意，願足下更慮之！」荊軻知太子不忍，乃遂私見樊於期……樊於期偏袒搤腕而進曰：「此臣之日夜切齒腐心也，乃今得聞教！」遂自剄。
——《史記·刺客列傳》

太子丹於是親自打點行裝，
送荊軻出發。

還給他配了一名助手──
沒人敢正面看的秦舞陽。

於是太子豫求天下之利匕首，得趙人徐夫
人匕首，取之百金，使工以藥焠之。以試
人，血濡縷，人無不立死者。乃裝為遣荊
卿。燕國有勇士秦舞陽，年十三，殺人，人
不敢忤視。乃令秦舞陽為副。
　　　　　　　　　　──《史記·刺客列傳》

不過，荊軻有更好的人選，
想等對方趕到。
結果因為遲遲沒有出發，
被太子丹多次催促。

荊軻被催得不耐煩，
一氣之下就啟程了。

荊軻有所待，欲與俱；其人居遠未來，而為
治行。頃之，未發，太子遲之，疑其改悔，
乃復請曰：「日已盡矣，荊軻豈有意哉？丹
請得先遣秦舞陽。」荊軻怒……遂發。
——《史記·刺客列傳》

如果史記這麼帥❹ 良將俠客

一行人來到易水邊。
荊軻的好友高漸離擊筑為他送行，
荊軻和著節拍歌唱，氣氛十分悲涼。

來到秦國後，
荊軻先賄賂了秦王的寵臣，讓他通報一下。

> 至易水之上，既祖，取道，高漸離擊筑，荊
> 軻和而歌，為變徵之聲，士皆垂淚涕泣。
> 又前而為歌曰：「風蕭蕭兮易水寒，壯士
> 一去兮不復還！」復為羽聲慷慨，士皆瞋
> 目，髮盡上指冠。
> 　　　　　　　　　　──《史記·刺客列傳》

秦王聽後非常開心，
趕緊安排隆重的禮儀接見他們。

魔鏡魔鏡，七國
國君誰最帥？

荊軻和秦舞陽上殿後，
秦舞陽嚇得變了臉色，渾身發抖，
引起大臣們的懷疑。

他抖什麼？

秦王聞之，大喜，乃朝服，設九賓，見燕使
者咸陽宮。荊軻奉樊於期頭函，而秦舞陽
奉地圖柙，以次進。至陛，秦舞陽色變振
恐，群臣怪之。
——《史記·刺客列傳》

荊軻淡定地替他掩飾，
希望秦王多多包涵。

秦王放鬆警惕，荊軻於是奉上地圖。
地圖全部展開後，一把匕首露了出來。

荊軻顧笑舞陽，前謝曰：「北蕃蠻夷之鄙
人，未嘗見天子，故振慴。願大王少假借
之，使得畢使於前。」秦王謂軻曰：「取舞
陽所持地圖。」軻既取圖奏之，秦王發圖，
圖窮而匕首見。

　　　　　　　　　　──《史記·刺客列傳》

荊軻趁秦王還沒反應過來，
立即拿匕首刺向他。秦王嚇得跳到一邊。

荊軻趕緊追上。
秦王想拔劍但拔不出來，只得繞著柱子跑。

因左手把秦王之袖，而右手持匕首揕之。
未至身，秦王驚，自引而起，袖絕。拔劍，
劍長，操其室。時惶急，劍堅，故不可立
拔。荊軻逐秦王，秦王環柱而走。
——《史記·刺客列傳》

朝堂上有個御醫反應很快，
把手上的藥袋砸向荊軻，
分散了他的注意力。

關鍵時刻，
有人喊著讓秦王把劍推到背後，
他這才把劍拔了出來。

是時侍醫夏無且以其所奉藥囊提荊軻
也。秦王方環柱走，卒惶急，不知所為，左
右乃曰：「王負劍！」負劍，遂拔以擊荊
軻，斷其左股。
——《史記·刺客列傳》

秦王砍中了荊軻的大腿，荊軻只能孤注一擲，
奮力把匕首扔向秦王，卻被秦王避開了。

荊軻自知失敗，
倚在柱子上大笑。

如果不是我放水，
你早死了。

荊軻廢，乃引其匕首以擲秦王，不中，中桐
柱。秦王復擊軻，軻被八創。軻自知事不
就，倚柱而笑，箕踞以罵曰：「事所以不成
者，以欲生劫之，必得約契以報太子也。」
於是左右既前殺軻，秦王不怡者良久。
　　　　　　　　　　　　——《史記·刺客列傳》

侍衛這才衝上去拿下他。
秦王緩了好久，
才恢復過來。

嚇死本寶寶了！

秦王把怒火燒向燕國，燕國的國君為了保命，
獻上了太子丹的人頭。
但後來燕國還是被滅掉了。

於是秦王大怒，益發兵詣趙，詔王翦軍以
伐燕。十月而拔薊城……其後李信追丹，
丹匿衍水中，燕王乃使使斬太子丹，欲獻
之秦。秦復進兵攻之。後五年，秦卒滅
燕，虜燕王喜。
　　　　　　　——《史記·刺客列傳》

【旁若無人】

荊軻和朋友們在集市唱歌時，表現得好像身旁沒有人一樣，態度十分自然。

【一日千里】

有人跟太子丹說：「良馬在壯年時跑得很快，一天能跑一千里，等到老了，劣馬都能超過牠。」

【圖窮匕見】

荊軻在獻給秦王的地圖裡藏著匕首，完全打開地圖後匕首就顯現了。荊軻計畫用它來行刺。

【悲歌擊筑】

荊軻行刺前,高漸離在易水奏樂為他送別,荊軻唱著歌應和,氣氛非常悲涼。

【一去不復返】

荊軻在易水邊唱起歌:「風蕭蕭兮易水寒,壯士一去兮不復還。」然後頭也不回地離開燕國。

【骨鯁之臣】

骨鯁指魚骨、魚刺,非常堅硬,用來形容剛正忠直的官員。

艱難的刺客

我是無業遊民，刺殺失敗後死了。

荊軻

豫讓

我們是大臣，刺殺失敗後死了。

貫高

我是屠夫，刺殺成功了。

聶政

但還是死了。

做刺客太難了。

先秦時的刺客喜歡用劍和匕首作為行刺武器，劍的殺傷力極強，能夠穿透鎧甲；匕首則短小易藏，能出其不意地給人一擊。▼

宋代小說《聶隱娘》塑造了一位身懷絕技的女刺客形象。▼

如果他們不是刺客

豫讓會給荊軻畫舞臺妝。

下一位上臺了！

燕太子丹花了百金，給荊軻買下名家鑄造的匕首，用毒水淬鍊，傳說能見血封喉。▼

讓荊軻美美地參加歌手選秀。

戰國好聲音

然後一起去聶政的攤位買肉。

漢朝開國功臣張良曾雇人掄鐵椎砸向秦王，不過只把秦王的車砸爛了。▼

再回家看貫高參加鋼筋鐵骨挑戰賽。

連續撞碎最多塊鋼化玻璃紀錄！

史記刺客圖鑑

曹沫

春秋時期

對象	地點	手法
齊桓公	柯地盟壇	用匕首挾持

目的	結果
奪回魯國被侵佔的土地	達成目的，全身而退

專諸

春秋時期

對象	地點	手法
吳王僚	公子光家	用藏在魚肚裡的匕首刺殺

目的	結果
幫助公子光篡位	刺殺成功，自己身死

豫讓

春秋時期

◀◀ 對象 ▶▶	◀◀ 地點 ▶▶	◀ 手法 ▶
趙襄子	趙國王宮廁所、某座橋邊	衣藏匕首,借機行刺

◀◀ 目的 ▶▶	◀◀ 結果 ▶▶
報答智伯的知遇之恩	被發現而失敗,最後自刎

聶政

戰國時期

◀◀ 對象 ▶▶	◀◀ 地點 ▶▶	◀ 手法 ▶
韓國宰相俠累	俠累府中	用寶劍正面行刺

◀◀ 目的 ▶▶	◀◀ 結果 ▶▶
報答嚴仲子的恩情	刺殺成功,自毀容貌死去

荊軻

戰國時期

◀◀ 對象 ▶▶	◀◀ 地點 ▶▶	◀ 手法 ▶
秦王政	秦國王宮	用藏在地圖裡的匕首行刺

◀◀ 目的 ▶▶	◀◀ 結果 ▶▶
脅迫秦國歸還燕國的土地	刺殺失敗,被侍衛殺死

貫高

西漢

◀◀ 對象 ▶▶	◀◀ 地點 ▶▶	◀ 手法 ▶
劉邦	旅館	埋伏在旅館借機行刺

◀◀ 目的 ▶▶	◀◀ 結果 ▶▶
對羞辱上司的劉邦施行報復	刺殺失敗,慚愧而死

國家圖書館出版品預行編目 (CIP) 資料

如果史記這麼帥 . 4, 良將俠客 (超燃漫畫學
歷史 + 成語) / 戴建業主編 ; 漫友文化繪 . --
初版 . -- 新北市 : 野人文化股份有限公司出版
: 遠足文化事業股份有限公司發行 , 2022.11
　　面 ;　　公分 . -- (Graphic times ; 38)
ISBN 978-986-384-810-3(平裝)

1.CST: 史記 2.CST: 漫畫

610.11　　　　　　　　　　　　111018478

Graphic Times 38

編　　者　戴建業
繪　　者　漫友文化

野人文化股份有限公司

社　　長　張瑩瑩
總 編 輯　蔡麗真
責任編輯　徐子涵
專業校對　魏秋綢
行銷經理　林麗紅
行銷企劃　蔡逸萱、李映柔
封面設計　周家瑤
繁中版美術設計　洪素貞、許庭瑄

出　　版　野人文化股份有限公司
發　　行　遠足文化事業股份有限公司 (讀書共和國出版集團)
　　　　　地址：231 新北市新店區民權路 108-2 號 9 樓
　　　　　電話：（02）2218-1417　傳真：（02）8667-1065
　　　　　電子信箱：service@bookrep.com.tw
　　　　　網址：www.bookrep.com.tw
　　　　　郵撥帳號：19504465 遠足文化事業股份有限公司
　　　　　客服專線：0800-221-029
法律顧問　華洋法律事務所　蘇文生律師
印　　製　凱林彩印股份有限公司
初版首刷　2022 年 12 月
初版 4 刷　2023 年 6 月

如果史記這麼帥 (4)
線上讀者回函專用 QR CODE，
您的寶貴意見，將是我們進步
的最大動力。

野人文化官方網頁